2° LIBRO

En memorias de mis queridos abuelos Jesús y Esperanza
Y mi madre Herlinda

* 10 Ave María
* Gloria
* Jaculatorias

8

4to Misterio *
Padre nuestro * **9**

* 3er Misterio
* Padre nuestro **7**

10 Ave María *
Gloria *
Jaculatorias * **10**

6 * 10 Ave María
* Gloria
* Jaculatorias

5to Misterio *
Padre nuestro * **11**

5 * 2do Misterio
* Padre nuestro

10 Ave María *
Gloria *
Jaculatorias * **12**

4 * 10 Ave María
* Gloria
* Jaculatorias

Padre nuestro * **13** **3** * 1er Misterio
* Padre nuestro

3 Ave María Purísimas * **14**

La Salve * **15** **2** * Acto de Contricción
* Credo

INTRODUCCIÓN

En estos tiempos de pandemia y distanciamiento social, nos hemos visto obligados a dejar de lado algunas de las costumbres para despedir a nuestros seres queridos a la hora de su muerte.

Es por esto que se lanza la serie de libros sobre como rezar el Santo Rosario para Difuntos en familia. De esta manera ayudamos a las personas a poder darle luz y acompañar en su camino a las almas de sus difuntos.
Cualquier persona podrá llevar la ceremonia de levantamiento de la cruz de cal que queda en el lugar donde fue tendido el cuerpo.
Espero que les sea de utilidad esta guía para poder brindar consuelo a los dolientes.

Soledad Martínez

INDICE

INDICACIONES

Uno de los rituales para levantar la cruz consiste en rodear la cruz de cal con flores blancas y rojas. Con ellas se les da la forma de un rosario.

Las flores blancas serán las Aves Marías del Rosario y las rojas Los Padre Nuestro.

Se pondrán de 3 a 10 flores blancas dependiendo de los integrantes de la familia del difunto y solo los hijos, marido o esposa, levantarán la cabecera, manos, pies y corazón, después de leer el Misterio que le corresponda. Estos en una cajita negra previamente preparada, depositaran el polvo y la flor roja que le corresponda. Los demás familiares solo depositarán en la cajita la flor blanca.

Al final del rezo del Santo Rosario, se lee la carta de Despedida y se depositan las velitas que se usan en la Luminaria.

PARA LEVANTAR LA CRUZ

Antes que nada, recordemos que la muerte es solo algo provisional, que llegará el día en que no habrá muerte, ni lágrimas, ni sufrimiento, que Dios nos prepara para una fiesta que será un banquete donde no nos faltara nada.
Hermanos, procuremos animar nuestra fe y aumentas nuestra piedad, en esta última noche, borrando reverentes la cruz en la que fue tendido el cuerpo de nuestr@ herman@
_____ conmemorando con esto, la muerte de nuestro señor Jesucristo sobre la cruz.
A ti, Virgen Santísima te suplicamos que pidas a tu Santísimo hijo Jesús que nos mande el consuelo al levantar del suelo esta Santa Cruz en que fue tendido el cuerpo de nuestr@
herman@_____

- **Ave María Purísima**

- Sin pecado concebida

Por la señal de la santa Cruz, de nuestros enemigos, líbranos, señor, Dios Nuestro, en el nombre del padre, del hijo y del Espíritu Santo. Amen.

-Abre señor mis labios

- y mi boca proclamará tu alabanza

-Dios mío ven en mi auxilio

-Date prisa señor en socorrerme

GLORIA AL PADRE, GLORIA AL HIJO Y GLORIA AL ESPIRITU SANTO, COMO ERA EN UN PRINCIPÍO AHORA Y SIEMPRE POR LOS SIGLOS DE LOS SIGLOS. AMEN

Para que nuestra oración pueda agradar a Dios, purifiquemos nuestro corazón, arrepintiéndonos de nuestros pecados. Recemos todos juntos el Acto de Contrición.

Señor mío Jesucristo, Dios y hombre verdadero, me pesa de todo corazón, haber pecado, porque he merecido el infierno y he perdido el cielo, y sobre todo porque te ofendí a ti, que eres bondad infinita y a quien amo sobre todas las cosas. Propongo, firmemente por tu gracia, enmendarme y alejarme de las ocasiones de pecar, confesarme y cumplir mi penitencia, confío me perdonarás por tu infinita misericordia. Amén.

Abre señor, nuestros labios y limpia nuestros corazones de impertinentes pensamientos, ilumina nuestro entendimiento con la Luz del Espíritu Santo, para que, atenta, digna y devotamente recemos este santo rosario; pidiéndote por el eterno descanso de nuestro(a) hermano(a)_____
___ .Te damos gracias por la vida que le diste y muy especialmente, por las personas que estamos presentes.
¡Oh Dios!, que perdonas y deseas la salvación de todos los hombres y mujeres, imploramos tu clemencia para que, por la intersección de María Santísima y de todos los santos le concedas a tu siervo(a)_____
___ la gracia de llegar a la vida eterna. Amén.

VIRGEN MARÍA

¡Oh Virgen María!, madre de Dios y madre nuestra, reina del rosario, Fiados en tu bondad nos acercamos a ti, para honrar tu nombre y consolar nuestras almas.
Ábrenos, señora, la puerta de tu corazón y descubre la luz de tus misterios, contenidos en el Santo Rosario para que encontremos, virtud en nuestras almas, tranquilidad para nuestro corazón, paz para nuestras familias, salud para nuestros enfermos y libertad para las almas del purgatorio.
Socorre especialmente a nuestro(a) hermano(A)_____, concédele la dicha de ser hijo tuyo en la vida y en la muerte. Amen

Padre clementísimo, te recordamos el alma de nuestro(a) hermano(A)_____Apoyados en la certeza de que resucitará en el último día en Cristo, y con todos lo que han muerto en él.

Que tu corazón misericordioso se conmueva, por nuestr@ herman@
_____, abre a tu hijo@ las puertas del cielo, y a nosotros que permanecemos en este mundo, consuélanos con palabras de fe, hasta que todos encontremos a Cristo y permanezcamos con El y con nuestr@ herman@_____ por cristo nuestro señor. Amén.

Estos misterios que vamos a ofrecer son el descanso eterno de nuestr@ herman@

_____

LEVANTAMIENTO DE LA CABECERA

¡Oh señor y Dios omnipotente! Te suplicamos por la preciosa sangre que derramó vuestro Santísimo hijo, cuando le pusieron la corona de espinas, saque las almas de purgatorio y en particular el alma de tu sierv@ _____ y la que debiera ser la última de todas en salir, para que no tarde tanto en alabarte y bendecirte eternamente en la gloria.

En gloria viva y en descaso eterno se encuentre el alma de nuestr@ herman@ _____ ángeles y santos del cielo ayúdenme a rogarle a Dios para que l@ saque de penas y l@ lleve a descansar.

PRIMER MISTERIO

- **Padre nuestro que estas en el cielo, santificado sea tu nombre, venga a nosotros tu reino y hágase tu voluntad, en la tierra como en el cielo.**

- Danos hoy nuestro pan de cada día y perdona nuestras ofensas, así como nosotros perdonamos a los que nos ofenden, no nos dejes caer en tentación y libranos de todo mal. Amén.

- **Dios te salve María, llena eres de gracia el señor es contigo, bendita eres entre todas las mujeres y bendito sea el fruto de tu vientre Jesús.**

- Santa María, madre de Dios, ruega señora por él (Ella) y por nosotros los pecadores, ahora y en la hora de nuestra muerte. Amén.

- **Gloria al padre, gloria al hijo, gloria al espíritu santo...**

- Como era en un principio ahora y siempre por los siglos de los siglos. Amén

Concédenos señor la ayuda continua de la virgen María, madre de Dios por el anuncio del ángel para que siempre sea nuestra abogada ante tu divino juicio, especialmente te pedimos por el alma de nuestr@ herman@
_____ que ya está ante tu presencia.

María con solo nombrarte mí alma recibe alegría, con la esperanza que tengo de verte en mi compañía, del arca testamente y de la paz alegría.

Por tu limpia concepción ¡oh soberana princesa! Una muy grande pureza te pido de corazón, que las almas no se pierdan, ni mueran sin confesión.
¡Oh Jesús mío! Perdona sus pecados, libral@ del fuego del infierno, lleva a todas las almas al cielo especialmente a las más necesitadas de tu Divina Misericordia, Así sea.

- **Dale señor el descanso eterno**
- Y luzca para él(ella) la luz perpetua
- **Descanse en paz**
- Así sea
- **Si por tu preciosa sangre señor l@ habéis redimido**
- Que lo perdones te pido por tu pasión dolorosa
- **Descanse en paz**
- Así sea
- **De las puertas del infierno**
- Libra su alma señor
- María Madre de gracia, madre de misericordia
- En la vida y en la muerte amparal@ gran señora
- **Descanse en paz**
- Así sea.

Hágase las obras buenas por esta alma sin cesar,
que Dios la saque de penas y la lleve a descansar.

CANTO

Que el alma de nuestr@
herman@_____ y las demás
del purgatorio por la misericordia de Dios, descansen
en paz. -Así sea.

María no puede permanecer sin Jesús, nada puede
llenar el vacío de su ausencia, así mismo nos
encontramos Señor por la ausencia de nuestr@
herman@ _____ pero
tenemos confianza en ti y sabemos que cual
amoroso padre pronto habrás de acogerl@ en tu
morada.

MANO DERECHA

¡Oh Señor y Dios Omnipotente! Te suplicamos por la preciosa sangre que tu hijo derramó de su santísima Mano Derecha, que saque las almas del purgatorio y en particular el alma de tu sierv@
_____ y las que están olvidadas, llévalas al descanso eterno, para que allí te alaben y te bendigan eternamente. Amén.
En gloria viva y en descanso eterno se encuentre el alma de nuestr@ herman@ _____
ángeles y santos del cielo ayúdenme a rogarle a Dios para que l@ saque de penas y l@ lleve a descansar.

SEGUNDO MISTERIO

- Padre nuestro que estas en el cielo, santificado sea tu nombre, venga a nosotros tu reino y hágase tu voluntad, en la tierra como en el cielo.

- **Danos hoy nuestro pan de cada día y perdona nuestras ofensas, así como nosotros perdonamos a los que nos ofenden, no nos dejes caer en tentación y libranos de todo mal. Amén.**

- Dios te salve María, llena eres de gracia el señor es contigo, bendita eres entre todas las mujeres y bendito sea el fruto de tu vientre Jesús.
- **(GLORIA) Santa María, madre de Dios, ruega señora por él (Ella) y por nosotros los pecadores, ahora y en la hora de nuestra muerte. Amén.**
- Gloria al padre, gloria al hijo, gloria al espíritu santo…
- **Como era en un principio ahora y siempre por los siglos de los siglos. Amén**

Concédenos señor la ayuda continua de la virgen María, madre de Dios por el anuncio del ángel para que siempre sea nuestra abogada ante tu divino juicio, especialmente te pedimos por el alma de nuestr@ herman@
_____ que ya está ante tu presencia.
María con solo nombrarte mí alma recibe alegría, con la esperanza que tengo de verte en mi compañía, del arca testamento y de la paz alegría.

Por tu limpia concepción ¡oh soberana princesa! Una muy grande pureza te pido de corazón, que las almas no se pierdan, ni mueran sin confesión.

¡Oh Jesús mío! Perdona sus pecados, libral@ del fuego del infierno, lleva a todas las almas al cielo especialmente a las más necesitadas de tu Divina Misericordia, Así sea.

- **Dale señor el descanso eterno**
- Y luzca para él(ella) la luz perpetua
- **Descanse en paz**
- Así sea
- **Si por tu preciosa sangre señor l@ habéis redimido**
- Que lo perdones te pido por tu pasión dolorosa
- **Descanse en paz**
- Así sea
- **De las puertas del infierno**
- Libra su alma señor
- **María Madre de gracia, madre de misericordia**
- En la vida y en la muerte amparal@ gran señora
- **Descanse en paz**
- Así sea.

Hágase las obras buenas por esta alma sin cesar, que Dios la saque de penas y la lleve a descansar.

C A N T O
Que el alma de nuestr@
herman@_____ y las demás
del purgatorio por la misericordia de Dios, descansen
en paz. -Así sea.

María no puede permanecer sin Jesús, nada puede
llenar el vacío de su ausencia, así mismo nos
encontramos Señor por la ausencia de nuestr@
herman@ _____ pero
tenemos confianza en ti y sabemos que cual
amoroso padre pronto habrás de acogerl@ en tu
morada.

MANO IZQUIERDA

¡Oh señor y dios omnipotente! Te suplico por la preciosa sangre que tu hijo derramo de su mano izquierda, saques las almas del purgatorio, en particular el alma de tu sierv@
_____ y las que estén próximas a subir al eterno descanso, para que así empiecen cuanto antes a alabarte y bendecirte eternamente. Amen
En gloria viva y en descanso eterno se encuentre el ama de nuestr@ herman@
_____ ángeles y santos del cielo, ayúdenme a rogarle a Dios para que l@ saque de penas y l@ lleve a descansar.

TERCER MISTERIO
- **Padre nuestro que estas en el cielo, santificado sea tu nombre, venga a nosotros tu reino y hágase tu voluntad, en la tierra como en el cielo.**
- Danos hoy nuestro pan de cada día y perdona nuestras ofensas, así como nosotros

perdonamos a los que nos ofenden, no nos dejes caer en tentación y libranos de todo mal. Amén.

- **Dios te salve María, llena eres de gracia el señor es contigo, bendita eres entre todas las mujeres y bendito sea el fruto de tu vientre Jesús.**

- Santa María, madre de Dios, ruega señora por él (Ella) y por nosotros los pecadores, ahora y en la hora de nuestra muerte. Amén.

- **Gloria al padre, gloria al hijo, gloria al espíritu santo…**

- Como era en un principio ahora y siempre por los siglos de los siglos. Amén

Concédenos señor la ayuda continua de la virgen María, madre de Dios por el anuncio del ángel para que siempre sea nuestra abogada ante tu divino juicio, especialmente te pedimos por el alma de nuestr@ herman@

_____ que ya está ante tu presencia.

María con solo nombrarte mí alma recibe alegría, con la esperanza que tengo de verte en mi compañía, del arca testamente y de la paz alegría.

Por tu limpia concepción ¡oh soberana princesa! Una muy grande pureza te pido de corazón, que las almas no se pierdan, ni mueran sin confesión.
¡Oh Jesús mío! Perdona sus pecados, libral@ del fuego del infierno, lleva a todas las almas al cielo especialmente a las más necesitadas de tu Divina Misericordia, Así sea.

- **Dale señor el descanso eterno**
- Y luzca para él(ella) la luz perpetua
- **Descanse en paz**
- Así sea
- **Si por tu preciosa sangre señor l@ habéis redimido**
- Que lo perdones te pido por tu pasión dolorosa
- **Descanse en paz**
- Así sea
- **De las puertas del infierno**
- Libra su alma señor
- **María Madre de gracia, madre de misericordia**
- En la vida y en la muerte amparal@ gran señora
- Descanse en paz
- Así sea.

Hágase las obras buenas por esta alma sin cesar,
que Dios la saque de penas y la lleve a descansar.

C A N T O

Que el alma de nuestr@
herman@_____ y las demás
del purgatorio por la misericordia de Dios, descansen
en paz. -Así sea.

María no puede permanecer sin Jesús, nada puede
llenar el vacío de su ausencia, así mismo nos
encontramos Señor por la ausencia de nuestr@
herman@ _____ pero
tenemos confianza en ti y sabemos que cual
amoroso padre pronto habrás de acogerl@ en tu
morada.

LEVANTAMIENTO DE PIES

¡Oh señor y Dios omnipotente! Te suplicamos por la preciosa sangre que tu hijo Santísimo derramó desde sus sacratísimos pies, saques las almas del purgatorio, en particular el alma de tu sierv@ _____ y aquellas por quienes tenemos mayor obligación de rogarte, para que no queden penando por nuestra culpa, ni sean privadas de alabarte y bendecirte eternamente en la Gloria. Amen.
En gloria viva y en descanso eterno se encuentre el alma de nuestr@ herman@ _____ ángeles y santos del cielo ayúdenme a rogarle a Dios para que l@ saque de penas y l@ lleve a descansar.

CUARTO MISTERIO

- Padre nuestro que estas en el cielo, santificado sea tu nombre, venga a nosotros tu reino y hágase tu voluntad, en la tierra como en el cielo.

- **Danos hoy nuestro pan de cada día y perdona nuestras ofensas, así como** nosotros perdonamos a los que nos ofenden, no nos dejes caer en tentación y libranos de todo mal. Amén.

- Dios te salve María, llena eres de gracia el señor es contigo, bendita eres entre todas las mujeres y bendito sea el fruto de tu vientre Jesús.

- **(GLORIA) Santa María, madre de Dios, ruega señora por él (Ella) y por nosotros los pecadores, ahora y en la hora de nuestra muerte. Amén.**

- Gloria al padre, gloria al hijo, gloria al espíritu santo…

- **Como era en un principio ahora y siempre por los siglos de los siglos. Amén**

Concédenos señor la ayuda continua de la virgen María, madre de Dios por el anuncio del ángel para que siempre sea nuestra abogada ante tu divino juicio, especialmente te pedimos por el alma de nuestr@ herman@

_____ que ya está ante tu presencia.

María con solo nombrarte mí alma recibe alegría, con la esperanza que tengo de verte en mi compañía, del arca testamento y de la paz alegría.

Por tu limpia concepción ¡oh soberana princesa! Una muy grande pureza te pido de corazón, que las almas no se pierdan, ni mueran sin confesión.
¡Oh Jesús mío! Perdona sus pecados, libral@ del fuego del infierno, lleva a todas las almas al cielo especialmente a las más necesitadas de tu Divina Misericordia, Así sea.

- **Dale señor el descanso eterno**
- Y luzca para él(ella) la luz perpetua
- **Descanse en paz**
- Así sea
- **Si por tu preciosa sangre señor l@ habéis redimido**
- Que lo perdones te pido por tu pasión dolorosa
- **Descanse en paz**
- Así sea
- **De las puertas del infierno**
- Libra su alma señor
- **María Madre de gracia, madre de misericordia**
- En la vida y en la muerte amparal@ gran señora
- **Descanse en paz**

- Así sea.

Hágase las obras buenas por esta alma sin cesar, que Dios la saque de penas y la lleve a descansar.

CANTO

Que el alma de nuestr@ herman@_____ y las demás del purgatorio por la misericordia de Dios, descansen en paz. -Así sea.

María no puede permanecer sin Jesús, nada puede llenar el vacío de su ausencia, así mismo nos encontramos Señor por la ausencia de nuestr@ herman@ _____ pero tenemos confianza en ti y sabemos que cual amoroso padre pronto habrás de acogerl@ en tu morada.

LEVANTAMIENTO DEL CORAZON

¡Oh señor y Dios omnipotente! Te suplicamos por la preciosa sangre que salió del costado de tu hijo santísimo, en presencia y con el grandísimo dolor de su madre santa, que saques las almas del purgatorio, en particular el alma de tu sierv@ _____ quien en vida fue el/la más devot@ de tus hijos, para que cuanto antes vaya a vuestra gloria a alabarte en ella por lo siglos de los siglos. Amén.
En gloria viva y en descaso eterno se encuentre el alma de nuestr@ herman@ _____ ángeles y santos del cielo ayúdenme a rogarle a dios para que l@ saque de penas y l@ lleve a descansar.

QUINTO MISTERIO

- **Padre nuestro que estas en el cielo, santificado sea tu nombre, venga a nosotros tu reino y hágase tu voluntad, en la tierra como en el cielo.**

- Danos hoy nuestro pan de cada día y perdona nuestras ofensas, así como nosotros perdonamos a los que nos ofenden, no nos dejes caer en tentación y libranos de todo mal. Amén.

- **Dios te salve María, llena eres de gracia el señor es contigo, bendita eres entre todas las mujeres y bendito sea el fruto de tu vientre Jesús.**

- Santa María, madre de Dios, ruega señora por él (Ella) y por nosotros los pecadores, ahora y en la hora de nuestra muerte. Amén.

- **Gloria al padre, gloria al hijo, gloria al espíritu santo…**

- Como era en un principio ahora y siempre por los siglos de los siglos. Amén

Concédenos señor la ayuda continua de la virgen María, madre de Dios por el anuncio del ángel para que siempre sea nuestra abogada ante tu divino juicio, especialmente te pedimos por el alma de nuestr@ herman@
_____ que ya está ante tu presencia.

María con solo nombrarte mí alma recibe alegría, con la esperanza que tengo de verte en mi compañía, del arca testamente y de la paz alegría.

Por tu limpia concepción ¡oh soberana princesa! Una muy grande pureza te pido de corazón, que las almas no se pierdan, ni mueran sin confesión.
¡Oh Jesús mío! Perdona sus pecados, libral@ del fuego del infierno, lleva a todas las almas al cielo especialmente a las más necesitadas de tu Divina Misericordia, Así sea.

- **Dale señor el descanso eterno**

- Y luzca para él(ella) la luz perpetua

- **Descanse en paz**

- Así sea

- **Si por tu preciosa sangre señor l@ habéis redimido**

- Que lo perdones te pido por tu pasión dolorosa

- **Descanse en paz**

- Así sea

- **De las puertas del infierno**

- Libra su alma señor

- **María Madre de gracia, madre de misericordia**

- En la vida y en la muerte amparal@ gran señora

- **Descanse en paz**

- Así sea.

Hágase las obras buenas por esta alma sin cesar, que Dios la saque de penas y la lleve a descansar.

C A N T O

Que el alma de nuestr@ herman@_____ y las demás del purgatorio por la misericordia de Dios, descansen en paz. -Así sea.

María no puede permanecer sin Jesús, nada puede llenar el vacío de su ausencia, así mismo nos encontramos Señor por la ausencia de nuestr@ herman@ _____ pero tenemos confianza en ti y sabemos que cual amoroso padre pronto habrás de acogerl@ en tu morada.

Te suplicamos señor, nos ayudes a ofrecerte con amor toda nuestra vida, así como Jesús se dio a sí mismo en el templo, te pedimos aceptes nuestras plegarias y alabanzas por el Eterno Descanso de nuestr@ herman@ y por el perdón de sus pecados. Así sea

-**Padre nuestro que estas en el cielo, santificado sea tu nombre, venga a nosotros tu reino, y hágase tu voluntad en la tierra como en el cielo…**

- Danos hoy nuestro pan de cada día y perdona nuestras ofensas, así como nosotros perdonamos a los que nos ofenden, no nos dejes caer en la tentación y libranos de todo mal Amen.

TRES AVES MARÍAS

- **Dios te salve María, hija de Dios Padre, virgen purísima y castísima antes del parto, en tus manos encomendamos nuestra fe para que la iluminas y el alma de nuestr@ herman@ _____ para que la salves. Llena eres de gracia el señor es contigo, bendita eres entre todas las mujeres y bendito sea el fruto de tu vientre Jesús.**

- Santa María, madre de Dios, ruega señora por él/ella y por nosotros los pecadores, ahora y en la hora de nuestra muerte. Amen.

- **Dios te salve María, madre de Dios hijo, virgen purísima y castísima durante el parto, en tus manos encomendamos nuestra esperanza para que la alientes y el** alma de nuestr@ herman@_____ para que la salves, llena eres de gracia el señor está contigo, bendita eres entre todas las mujeres y bendito sea el fruto de tu vientre Jesús.

- Santa María madre de Dios, ruega señora por él/ella y por nosotros los pecadores, ahora y en la hora de nuestra muerte, amen.

- **Dios te salve María, esposa de Dios Espíritu Santo, virgen purísima y castísima después del parto, en tus manos encomendamos nuestra caridad para que la inflames, y el alma de nuestr@ herman@_____ para que la salves, llena eres de gracia, el señor está contigo, bendita eres entre todas las mujeres y bendito sea el fruto de tu vientre Jesús.**

- Santa María, madre de Dios, ruega señora por él/ella y por nosotros los pecadores ahora y en la hora de nuestra muerte, Amen.

- **Dios te salve María, templo, trono y sagrario de la Santísima Trinidad, virgen concebida sin la culpa del pecado original, danos tu gracia señora para con ella salvarnos y con pureza decirte.**

SALVE

Dios te salve, reina y madre, madre de misericordia, vida, dulzura y esperanza nuestra, Dios te salve, a ti llamamos los desterrados, hijos de Eva, a ti suspiramos, gimiendo y llorando en este valle de lágrimas, ¡Ea pues señora! Abogada nuestra, vuelve a nosotros esos tus ojos misericordiosos y después de este destierro muéstranos a Jesús fruto bendito de tu vientre, ¡oh clemente¡¡oh piadosa! Oh dulce siempre virgen María, ruega por el/ella y por nosotros Santa Madre de Dios, para que seamos de dignos de alcanzar las divinas gracias y promesas de nuestro señor Jesucristo. Amén.

Pidamos a la virgen María que interceda por el alma de nuestr@ herman@

_____ y por quienes se están purificando en el purgatorio, así como por lo que aun vivimos, para que alcancemos de Dios la resignación, el consuelo y la paz.

Letanías

- **Señor ten piedad de él/ella**
- Señor, ten piedad de él/ella
- **Cristo, oyel@**
- Cristo, escuchal@
- **Padre celestial que eres Dios**
- Ten piedad de él/ella
- **Hijo redentor del mundo que eres Dios**
- Ten piedad de él/ella
- **Espíritu Santo que eres dios**
- Ten piedad de él/ella
- **Santísima Trinidad que eres un solo Dios**
- Ten piedad de él/ella

ALABANZAS A LA VIRGEN MARÍA

Santa María

Ruega por él/ella

Santa Madre de Dios

Ruega por él/ella

Santa virgen de las virgenes

Ruega por él/ella

Madre de Jesucristo

Ruega por él/ella

Madre de la iglesia

Ruega por él/ella

Madre de la divina gracia

Ruega por él/ella

Madre purísima

Ruega por él/ella

Madre castísima

Ruega por él/ella

Madre virgen

Ruega por él/ella

Madre incorrupta

Ruega por él/ella

Madre inmaculada

Ruega por él/ella

Madre amable

Ruega por él/ella

Madre admirable

Ruega por él/ella

Madre del buen consejo

Ruega por él/ella

Madre del creador

Ruega por él/ella

Madre del salvador

Ruega por él/ella

Virgen prudentísima

Ruega por él/ella

Virgen venerable

Ruega por él/ella

Virgen laudable

Ruega por él/ella

Virgen poderosa

Ruega por él/ella

Virgen misericordiosa

Ruega por él/ella

Virgen fiel

Ruega por él/ella

Espejo de justicia

Ruega por él/ella

Trono de la eterna sabiduría

Ruega por él/ella

Causa de nuestra alegría

Ruega por él/ella

Vaso espiritual

Ruega por él/ella

Vaso precioso de la gracia

Ruega por él/ella

Vaso de la verdadera devoción

Ruega por él/ella

Rosa mística

Ruega por él/ella

Torre de David

Ruega por él/ella

Torre de marfil

Ruega por él/ella

Casa de oro

Ruega por él/ella

Arca de la alianza

Ruega por él/ella

Puerta del cielo

Ruega por él/ella

Estrella de la mañana

Ruega por él/ella

Salud de los enfermos

Ruega por él/ella

Refugio de los pecadores

Ruega por él/ella

Consuelo de los afligidos

Ruega por él/ella

Auxilio de los cristianos

Ruega por él/ella

Reina de los Ángeles

Ruega por él/ella

Reina de los patriarcas

Ruega por él/ella

Reina de los profetas

Ruega por él/ella

Reina de los apóstoles

Ruega por él/ella

Reina de los mártires

Ruega por él/ella

Reina de los confesores

Ruega por él/ella

Reina de las vírgenes

Ruega por él/ella

Reina de todos los santos

Ruega por él/ella

Reina concebida sin pecado original

Ruega por él/ella

Reina elevada al cielo

Ruega por él/ella

Reina del santísimo rosario

                                  Ruega por él/ella

Reina de las familias

                                  Ruega por él/ella

Reina de la paz.

                                  Ruega por él/ella

Cordero de Dios que quitas los pecados del mundo
- Perdonal@ señor

Cordero de dios que quitas los pecados del mundo
- Escuchal@ señor

Cordero de dios que quitas los pecados del mundo
- Ten piedad y misericordia de El/ ella

Bajo tu amparo nos acogemos Santa Madre de Dios, no desprecies las súplicas que te hacemos en nuestras necesidades, antes bien libranos de todos los peligros ¡oh virgen gloriosa y bendita! Ruega por él/ella y por nosotros Santa Madre de Dios, para que seamos dignos de alcanzar las divinas gracias y promesas de nuestro señor Jesucristo. Amen

OFRECIMIENTO

Por estos misterios santos de que hemos hecho recuerdo, te pedimos ¡oh María! De la fe santa el aumento, la exaltación de la iglesia, del Papa el mejor acierto, de la Nación Mexicana la unión y feliz gobierno,
Que el gentil conozca a Dios, que el hereje vea sus yerros, ellos y todos los pecadores tengamos arrepentimiento, que los cautivos cristianos sean libres de cautiverio, goce puerto el navegante y de salud los enfermos.
Que las almas del Purgatorio gocen de su refrigerio y que este santo ejercicio, tenga aumento tan perfecto en toda la cristiandad, que alcancemos por su medio el ir a alabar a Dios en tu compañía en el cielo. Amen

SABANA SANTA

Señor Jesucristo, que nos dejaste las señales de tu pasión en la Sabana Santa, en la cual fue envuelto tu cuerpo santísimo cuando por José fuiste bajado de la cruz, concédenos piadosísimo señor que por tu muerte y sepultura santa, y por los dolores y angustias de tu santísima Madre María, señora nuestra, sea llevada a descansar el alma de tu sierv@ _____ y todos los que están en el purgatorio, a la gloria de tu resurrección donde vives y reinas con Dios Padre en la unidad del Espíritu Santo por los siglos de los siglos. Amén

ORACION DE LOS FIELES

Pidamos por nuestr@ herman@ _____ a nuestro Señor Jesucristo, que ha dicho: Yo soy la resurrección y la vida, el que cree en mi, aunque haya muerto vivirá, y el que esté vivo y cree en mí, no morirá para siempre

A cada petición respondemos: **TE LO PEDIMOS SEÑOR**

-Señor tu que oraste en la tumba de Lázaro, dígnate a enjugar nuestras lágrimas
-Tu que resucitaste a los muertos, dígnate dar la vida eterna a nuestr@ herman@
_____
-Tú que perdonaste en la cruz al buen ladrón y le prometiste el paraíso, dígnate perdonar y llevar al cielo a nuestr@ herman@ _____
-Tu que has purificado a nuestr@ herman@ con el agua del bautismo y lo ungiste con el óleo de la confirmación, dígnate a admitirlo entre tus santos y elegidos.
-Tu que alimentaste a nuestr@ herman@ _____ con tu cuerpo y tu sangre, dígnate también a admitirlo en la mesa de tu reino.
　　-Y a nosotros que lloramos su muerte, dígnate confortarnos con la fe y la esperanza de la vida eterna. Amen

ILUMINARIA

Al paraíso te lleven los ángeles y a tu llegada te reciban los mártires y te introduzcan en la ciudad Santa de Jerusalén con la luz sobre ti.

- Si por tu preciosa sangre señor lo habéis redimido

- Que lo perdones te pido por tu pasión dolorosa

- Dale señor el descanso eterno

- Y luzca para el /ella la luz perpetua

Ahora Señor acoge a tu hijo@ en santa paz, pues sus ojos ya te están mirando.

La luz de tu camino en este mundo se apaga para que goces de la luz perpetua del divino rostro de Jesús. Descanse en paz.

ORACIONES FINALES

¡oh soberano santuario! Madre del divino verbo, libra virgen del infierno a los que rezan tu rosario.

Emperatriz poderosa, de los mortales consuelo, ábrenos virgen el cielo con una muerte dichosa, y danos pureza de alma, tú que eres tan poderosa.

DULCE MADRE

Dulce Madre, no te alejes, tu vista de mí no apartes, ven conmigo a todas partes y nunca solo me dejes, pues tu que me proteges tanto como verdadera madre, haz que me bendiga, El Padre, El Hijo y el Espíritu Santo.

AVE MARÍA PURISIMA
SIN PECADO CONCEBIDA
AVE MARIA PURISIMA
SIN PECADO CONCEBIDA
AVE MARIA PURISIMA
SIN PECADO CONCEBIDA.

ORACION DE DESPEDIDA
Solo si los familiares quieren rezarla

Dios mío, re llevaste a la persona que más amaba en este mundo, me privaste de ella para siempre, pero si lo dispusiste de esta manera, cúmplase en todo, tu santísima voluntad sobre él/ella, como sobre mí. El Grande consuelo que me queda, es la esperanza de que lo/la recibiste en el seno de tu misericordia y que te dignarás algún día a unirme con el/ella . Si la entera satisfacción de sus pecados lo/la detiene aún en las penas sin que haya ido todavía a unirse contigo, yo te ofrezco, para que logre su salvación, cambiar mi mala conducta.

Esta muerte que nos hace derramar tantas lágrimas debe producir en mí un efecto más sólido y saludable, ella misma me advierte que llegará mi hora que debo prepararme sin tardanza y estar dispuesto en todos los instantes de mi vida. Permite, ¡Oh Dios de bondad! Que cuando llegue mi último momento, me encuentre en estado de gracia, para poder presentarme delante de ti y reunirme con la persona que he perdido para bendecirte y alabarte eternamente. Amén

Misterios Por los difuntos

Cada misterio aquí presentado se reza antes de cada **PADRE NUESTRO.** Al inicio de cada bloque de oraciones y peticiones

LUNES Y SÁBADO
Primer Misterio
La anunciación de Ángel a María
¡oh Virgen María¡, tú que siempre fuiste a la voluntad de Dios, intercede por nuestr@ hermano
_____ para que logre la purificación completa de todos sus pecados y alcancen la gloria eterna.

Segundo Misterio.
Visita de María a Isabel
¡oh Virgen María¡, tu que fuiste siempre generosa en el servicio a Dios, intercede en favor de nuestr@ herman@_____ difunt@ para que Dios le perdone todos sus pecados de omisión, al no preocuparse por cumplir siempre con sus obligaciones hacia dios y hacia sus hermanos.

Tercer misterio
Nacimiento del niño Dios en Belén
Señor Jesús, por intersección de tu Madre
Santísima, perdona a nuestr@ herman@
_____ su apego desordenado a
las cosas de este mundo.

Cuarto Misterio
Presentación del Niño Jesús al Templo
¡oh Virgen María¡, como presentaste al Niño Jesús al
templo, así presenta el alma de nuestr@
herman@_____ delante del Padre
celestial en la gloria del paraíso.

Quinto Misterio.
El niño Jesús, perdido y hallado en el Templo
Señor Jesús, por intersección de tu Madre
Santísima, perdona a nuestr@
herman@_____ el descuido de sus
deberes religiosos.

JUEVES.

Primer Misterio.
El Bautismo del Señor.

Señor Jesús, tú que eres el hijo mas amado del Padre, ten compasión de nuestr@ herman@_____ a quien regeneraste en las aguas del bautismo.

Segundo Misterio.
Las bodas Caná
Señor Jesús, por intersección de la Santísima Virgen María, concede a nuestr@ herman@_____ el vino generoso del perdón y de la paz.

Tercer Misterio
El anuncio del Reino de Dios.
Señor Jesús, tú que deseas que todos los hombres se salven concédele a nuestr@ herman@_____ el perdón de sus pecados.

Cuarto Misterio.
Transfiguración del Señor.
Señor Jesús, te pedimos que nuestr@ herman@ _____ pueda ir pronto a la Gloria a contemplar tu rostro.

Quinto Misterio.
Institución de la Eucaristía
Señor Jesús, concede a nuestr@ herman@ _____ el perdón de sus pecados para que pueda acompañarte en el banquete eterno.

MARTES Y VIERNES

Primer Misterio
La agonía de Jesús en el Huerto de Getsemaní
Señor Jesús, por todos los sufrimientos que padeciste en tu penosa agonía, concede a nuestr@ herman@ _____el perdón de todos los pecados que cometió al no saber dominar su cuerpo.

Segundo Misterio
La Flagelación de Jesús
Señor Jesús, por todos los azotes que recibiste durante la flagelación, perdona a nuestr@ herman@ _____ todos los pecados que cometió al no saber dominar su propia lengua.

Tercer Misterio
Coronación de Espinas.
Señor Jesús, por los tremendos dolores que padeciste durante la coronación de espinas, perdona a nuestr@ herman@ _____ todos sus pecados de soberbia.

Cuarta Misterio.
La subida de Jesús al Calvario con la Cruz a cuestas

Señor Jesús, por todos los sufrimientos que padeciste durante la subida al Calvario con la cruz a cuestas, perdona a nuestr@ herman@ _____todas sus infidelidades al no aceptar completamente tu santa voluntad.

Quinto Misterio.
Crucifixión y Muerte de Jesús.
Señor Jesús, por los grandes sufrimientos que padeciste durante las tres horas de agonía de la cruz, purifica completamente el alma de nuestr@ herman@ _____ y condúcela a la gloria del paraíso.

Miércoles y Domingo.

Primer Misterio.
Resurrección de Nuestro Señor Jesucristo
Oremos por nuestr@ herman@ _____, para que el Señor purifique su alma de toda mancha de pecado y le conceda la felicidad eterna

Segundo Misterio.
Ascensión de Jesús al Cielo
Oremos por nuestr@ herman@_____, para que pueda alcanzar la gloria del paraíso con lo ángeles y todos los santos.

Tercer Misterio.

Venida del Espíritu Santo
Pidamos a Dios en favor de nuestr@ herman@_____ para que el señor borre de su alma toda mancha de pecado y los lleve a la gloria eterna.

Cuarto Misterio
Asunción de María Virgen al cielo
¡oh Virgen María¡intercede en favor de nuestr@ herman@ _____ para que, mediante nuestros sacrificios y buenas obras, pueda conseguir más pronto la felicidad eterna.

Quinto Misterio.
Coronación de María como Reina de cielo y tierra
¡Oh Virgen María¡ puesto que tú eres nuestra madre y Reina, acuérdate de nosotros y nuestr@ herman@,_____ para que algún día todos juntos en la patria celestial podamos alabar a Dios contigo y con todos los ángeles y todos los santos.

RITUAL PARA LEVANTAR LA CRUZ DE CAL
2° LIBRO DE LA SERIE -DESPEDIDA A UN SER QUERIDO-

Rosario para difuntos
Primer libro de la seríe – Despedida a un ser querido-

Made in the USA
Las Vegas, NV
24 April 2023

71070641R00031